ullstein

Das Buch

Kommen Sie zur Ruhe in der exotischen Welt der Tropen.

Diese 50 wunderbar detailreichen Zeichnungen aus tropischen Paradiesen warten nur darauf, von Ihnen zum Leben erweckt zu werden. Bauen Sie Stress ab, finden Sie Ihre innere Ruhe, und entdecken Sie Ihre Kreativität, indem Sie auf achtsame Weise diese erlesenen Seiten mit Farbe füllen.

Von Anastasia Catris sind in unserem Hause außerdem erschienen:
Kleine Auszeit. Bezaubernde Vogelwelten zum Ausmalen
Kleine Auszeit. Fantastische Meereswelten zum Ausmalen

Anastasia Catris

Kleine Auszeit

Exotische Tropen zum Ausmalen

Ullstein

Besuchen Sie uns im Internet:
www.ullstein-taschenbuch.de

Deutsche Erstausgabe im Ullstein Taschenbuch
1. Auflage Oktober 2015
2. Auflage 2016

Titel der englischen Originalausgabe: *Colour Me Mindful. Tropical.*
First published by the Orion Publishing Group, London.
Übersetzung: Corinna Rodewald
Umschlaggestaltung: ZERO Werbeagentur, München
Titelabbildung: © Anastasia Catris
Satz: Pinkuin Satz und Datentechnik, Berlin
Gesetzt aus der Stempel Garamond Pro
Druck und Bindearbeiten: GGP Media GmbH, Pößnek
Printed in Germany
ISBN 978-3-548-37639-4

Einleitung

Unter Achtsamkeit versteht man die Kunst, den gegenwärtigen Augenblick bewusst wahrzunehmen und dabei aufmerksam und entspannt zugleich zu sein. Künstlerische Gestaltung eignet sich wunderbar dazu, diesen Zustand zu erlangen. Während Sie sich auf das Ausmalen konzentrieren, werden Sie spüren, wie der Stress von Ihnen abfällt. Während Sie genau hinsehen, um nicht über die Linien zu malen, werden Ihre Sorgen in den Hintergrund treten. Und während Sie sich in den Farben und Ihrer eigenen Kreativität verlieren, erwacht Ihre Umgebung strahlend zum Leben.

Wir leben in einer hektischen Welt, und vielleicht fühlt es sich manchmal so an, als würde das Leben nur so an Ihnen vorbeifliegen. Für viele ist dieses Vorbeirauschen nur eine Umschreibung des Phänomens, das wir Stress nennen: das ständige Bestreben danach, unser Glück durch noch einen Erfolg, noch ein Erlebnis zu finden, was schließlich nur zu Erschöpfung und einer endlos langen To-do-Liste führt.

Wenn sich Ihr Leben so anfühlt, dann ist es an der Zeit, einen Gang herunterzuschalten. Legen Sie also nur für einen Moment (oder vielleicht eine Stunde) Ihre Arbeit, Ihre Ziele und Ihre Sorgen nieder. Gönnen Sie sich eine kleine Auszeit von Ihren Gedanken, und tanken Sie auf, indem Sie eintreten ins Jetzt und die herrlichen Formen und Muster in diesem Buch ausmalen.

Holen Sie tief Luft, und lassen Sie den Atem ein- und ausströmen. Nehmen Sie einen Stift, und erfüllen Sie diese Welt vor Ihnen mit Farben. Lassen Sie den Moment genau so sein, wie er ist. Wenn Sie lernen, sich zu konzentrieren und wieder Freude an so einfachen Dingen wie dem Ausmalen zu finden, kann das zu dem Glück führen, das jeder von uns verdient.

Oli Doyle
Autor von *Mindfulness Plain & Simple* und *Mindfulness for Life*
www.peacethroughmindfulness.com.au

Die Illustratorin

Nach ihrem Bachelor in englischer Literatur an der Royal Holloway Universität London zog Anastasia Catris in die USA, wo sie ihrer Leidenschaft für Illustration im Studium an der Kubert School for Cartooning and Graphic Art nachging.

2009 kehrte sie nach Großbritannien zurück, wo sie als freie Illustratorin für HarperCollins, Kerrang!, Fox, Marvel, DC und Cygnus Alpha: The Doctor Who Fanzine tätig ist. Ana lebt in Wales und setzt sich für Kunsttherapie und die beruhigende Kraft des Ausmalens ein.

www.anastasiacatris.com
Instagram: @AnastasiaCatris

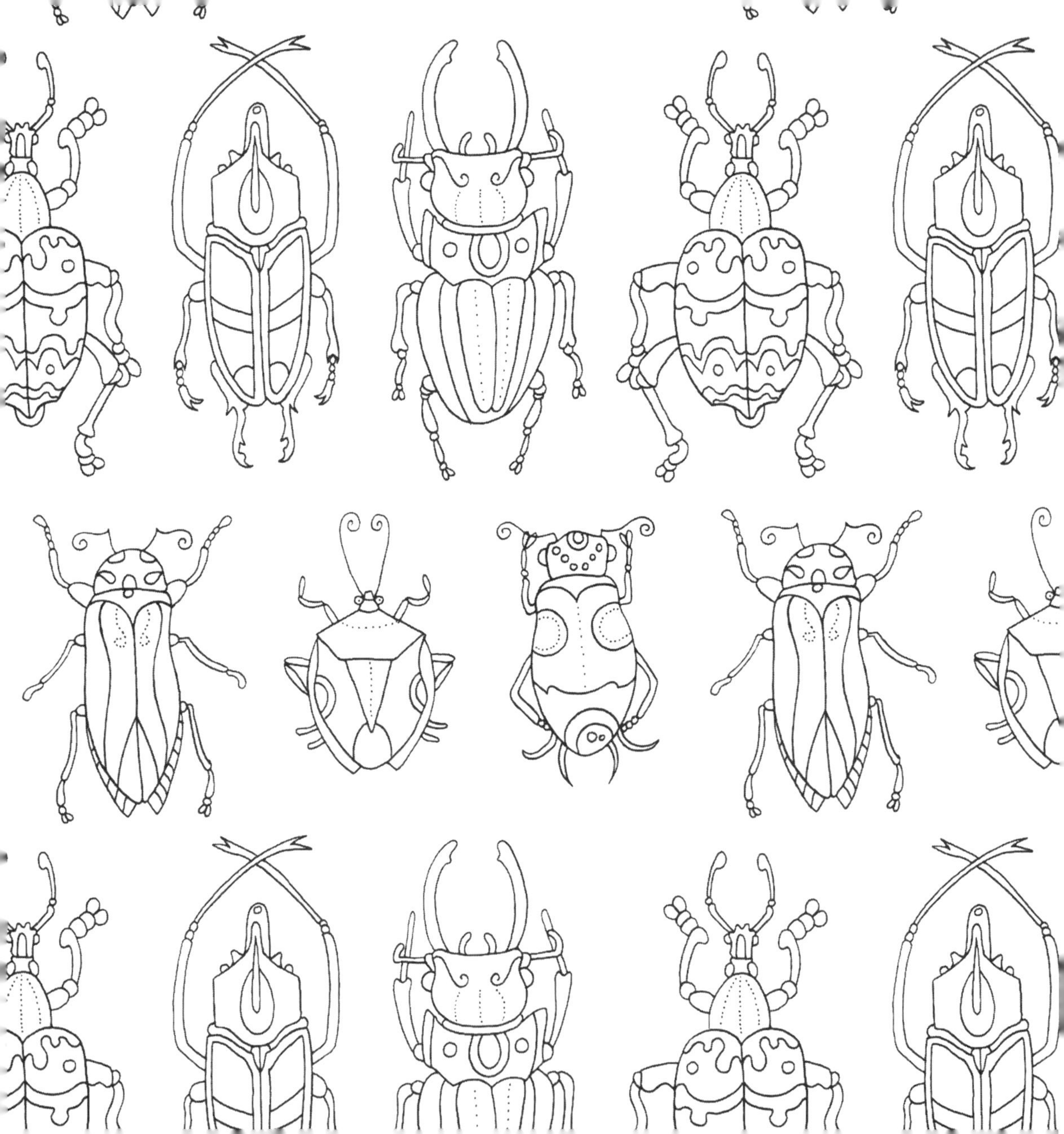

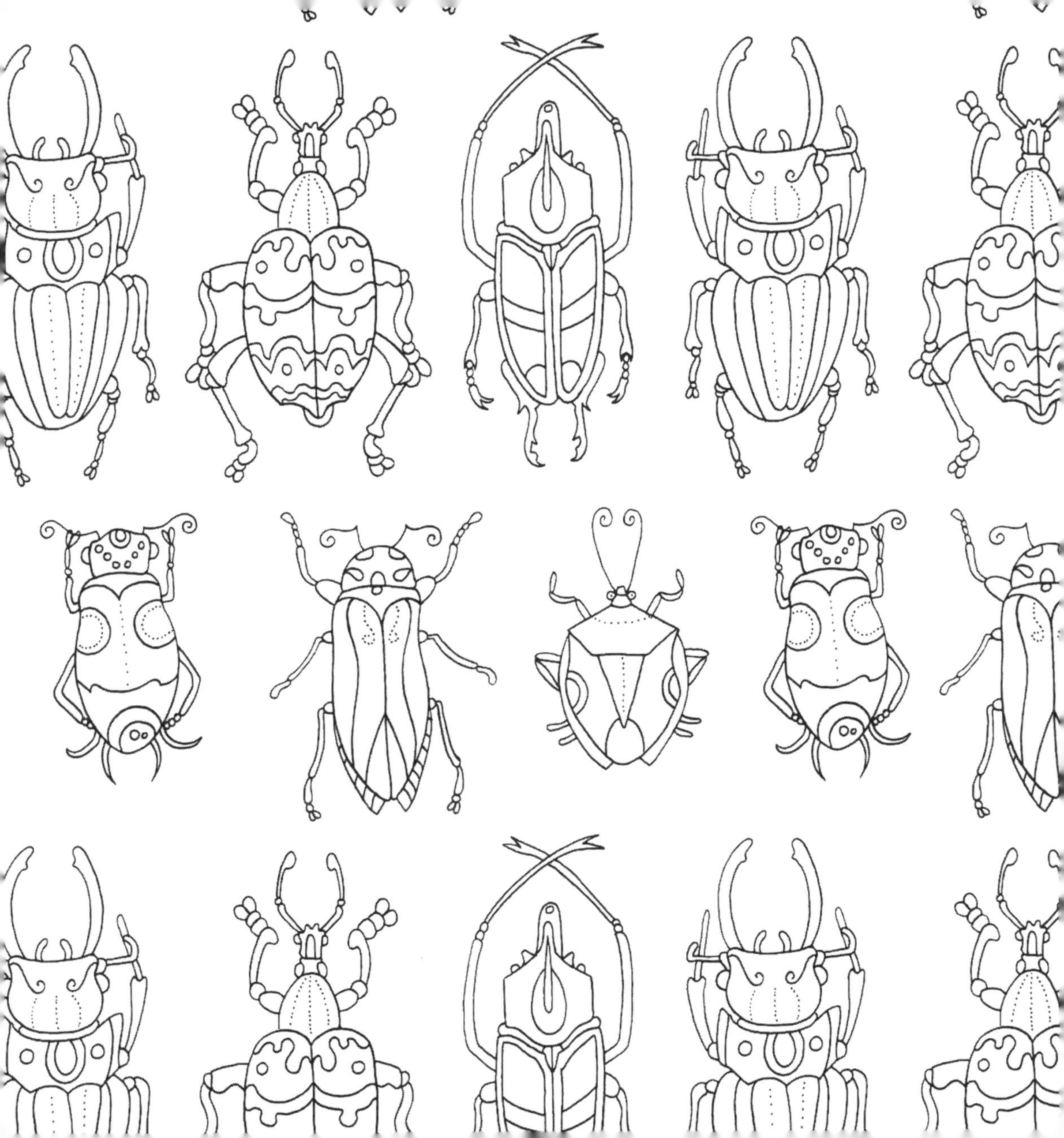

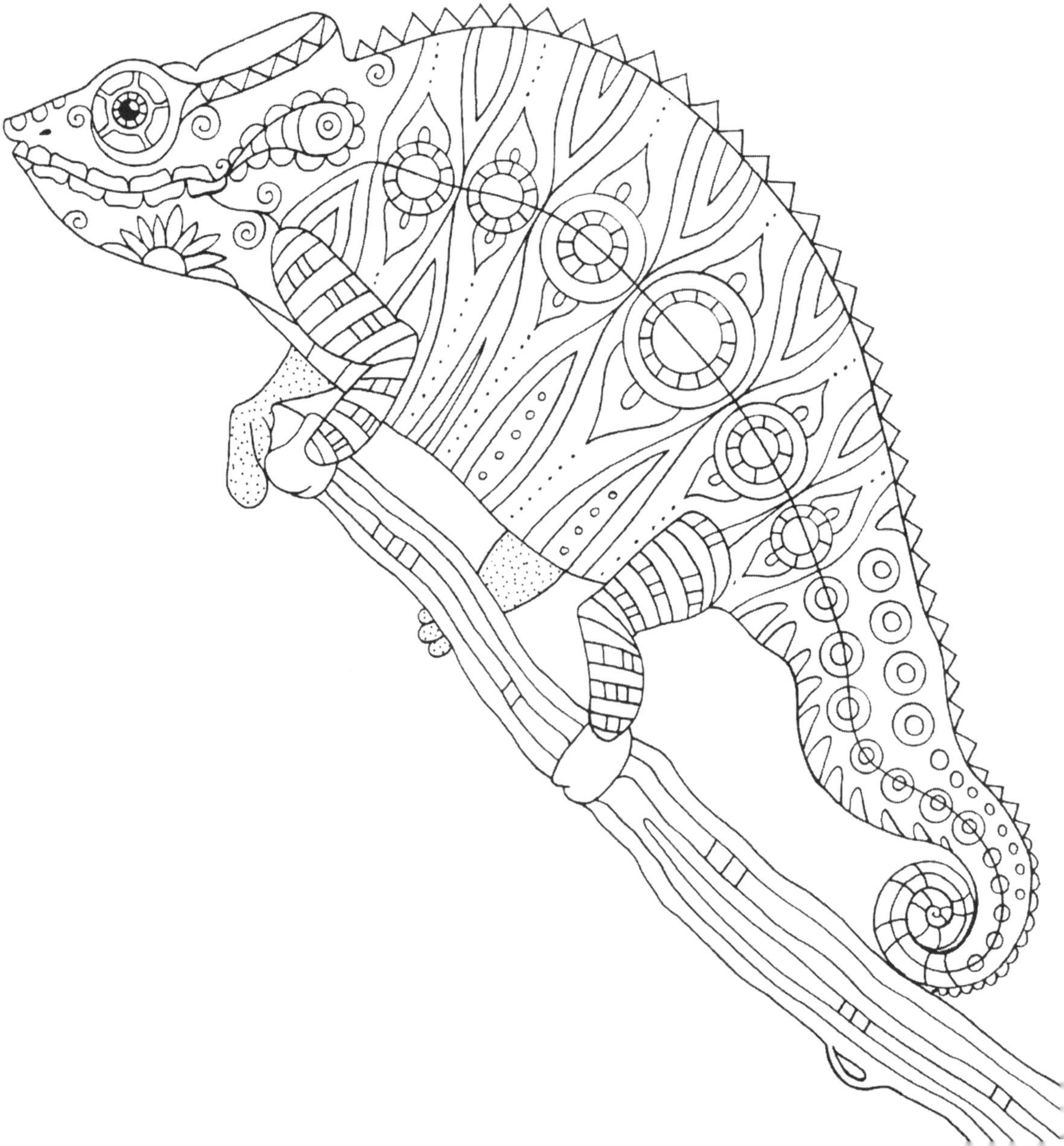

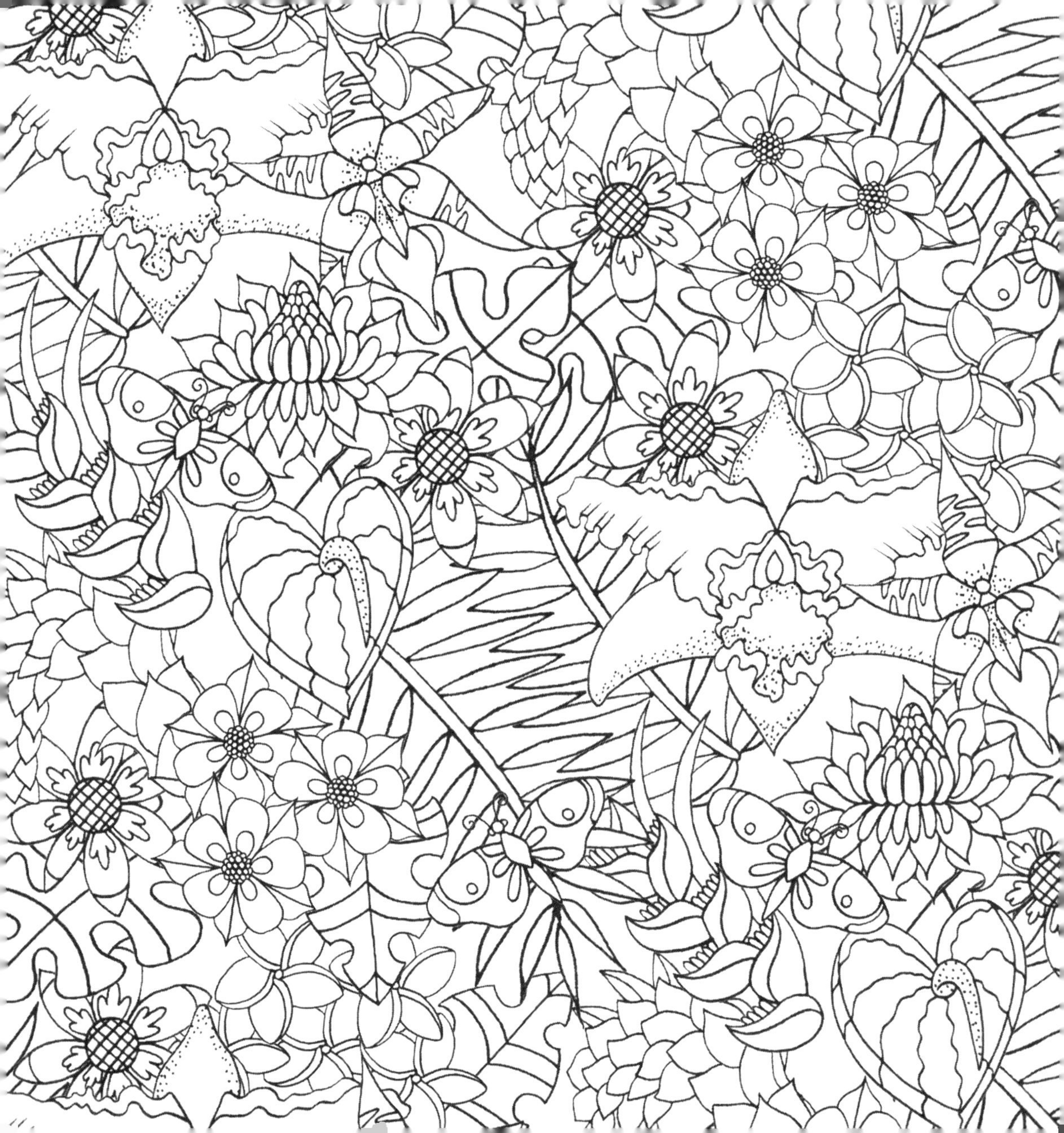

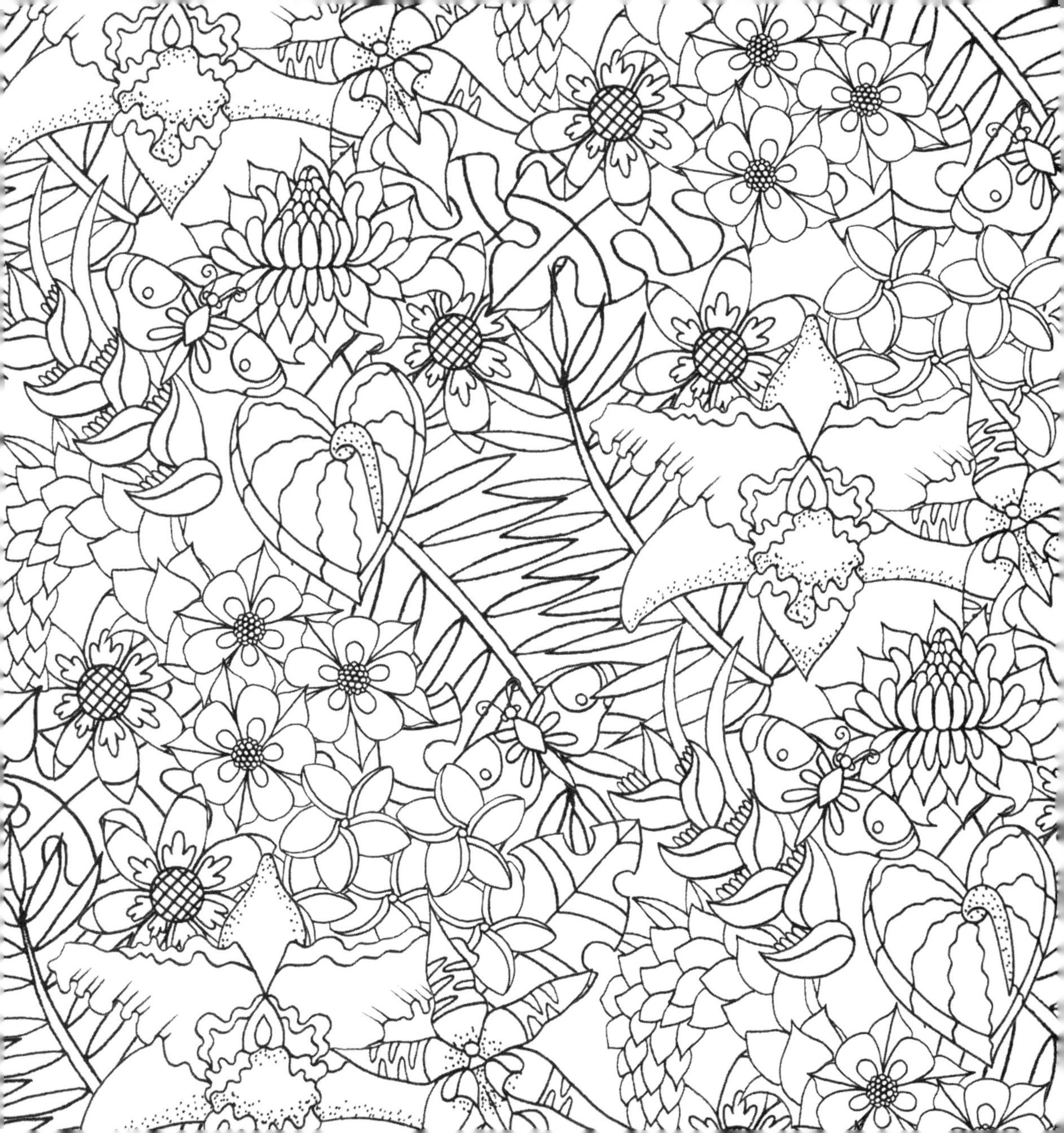

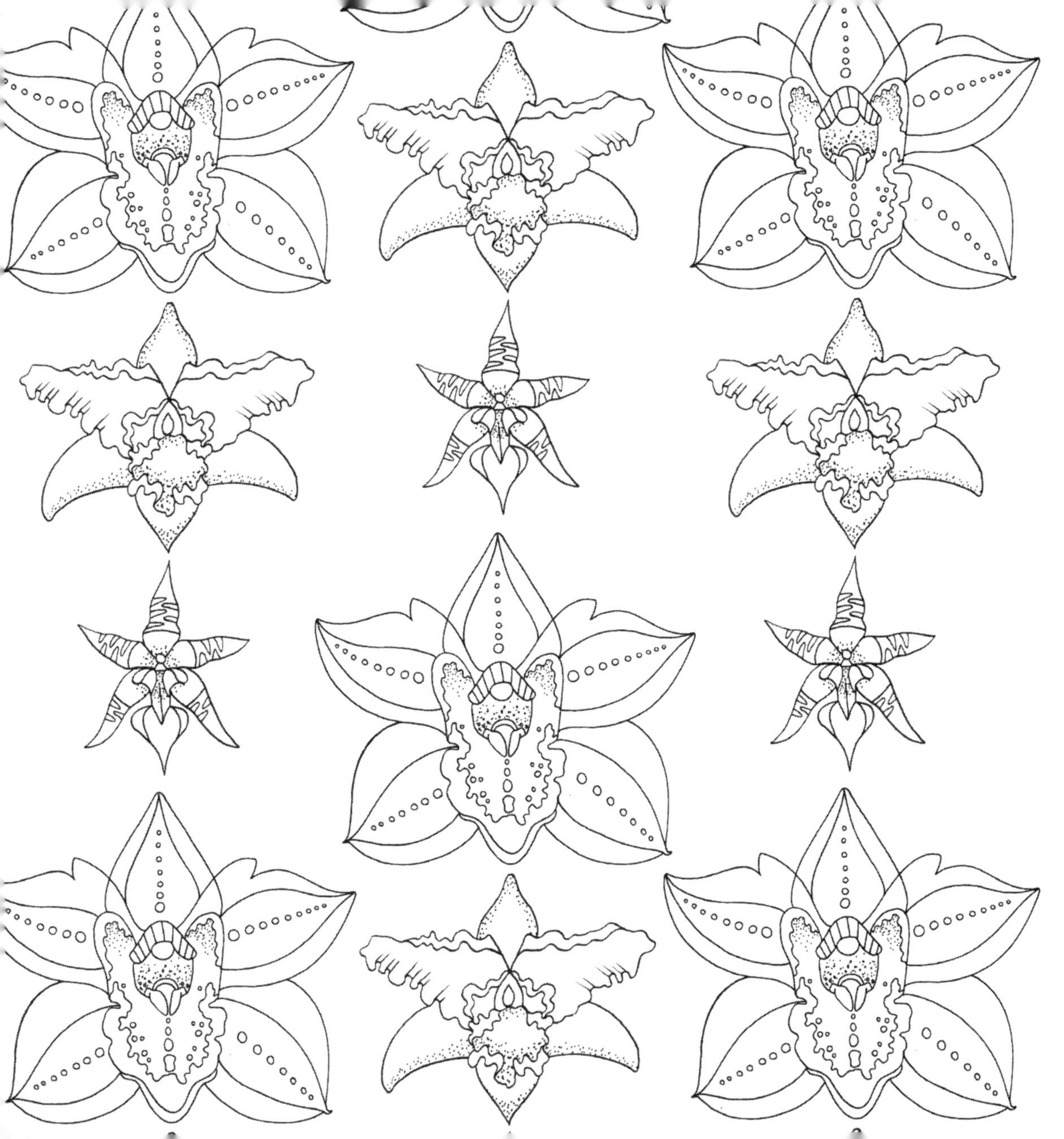

Noch mehr Raum für Kreativität:

Zur Ruhe kommen im schillernden Reich der Vögel.

ISBN: 978-3-548-37638-7

Kraft schöpfen in der exotischen Welt der Tropen.

ISBN: 978-3-548-37639-4

Entspannen in den verwunschenen Tiefen des Ozeans.

ISBN: 978-3-548-37640-0